GUIDE

DU

MAGNÉTISEUR

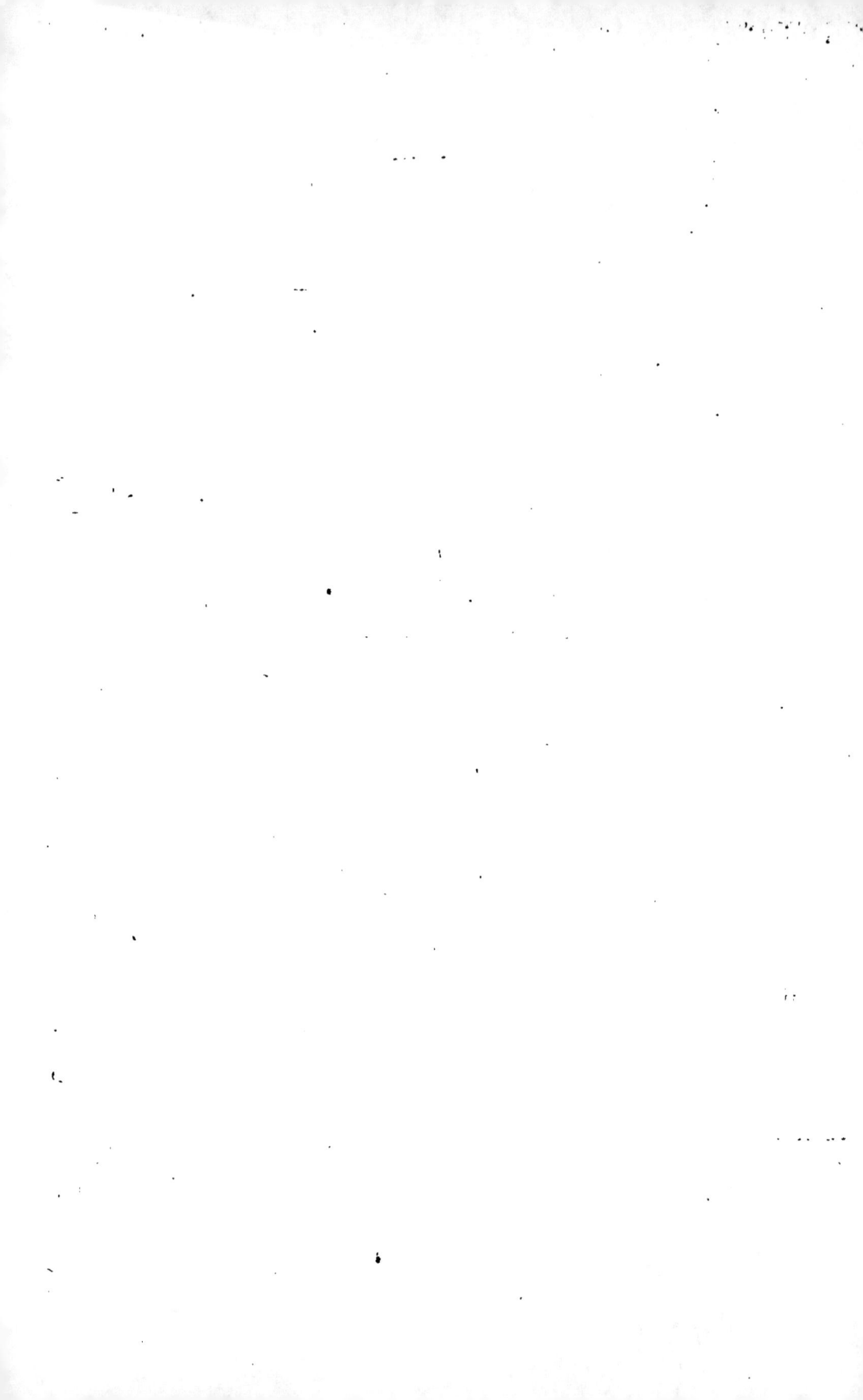

GUIDE

DU

MAGNÉTISEUR

OU

PROCÉDÉS MAGNÉTIQUES

D'APRÈS MESMER, PUYSÉGUR ET DELEUZE,

Mis à la portée de tout le monde,

INDIQUANT LES DANGERS ET LES BIENFAITS DU SOMNAMBULISME
ET CONTENANT DES INSTRUCTIONS SUR LA MANIÈRE
D'OBTENIR DES APPARITIONS DES DÉCÉDÉS ;

AVEC

UN APPENDICE SUR LE CHOLÉRA ET LES MOYENS CURATIFS
PRESCRITS PAR UNE LUCIDE,

PAR

L. A. CAHAGNET

———

TROISIÈME ÉDITION

PARIS

VIGOT FRÈRES, ÉDITEURS

23, Place de l'École de Médecine

—

1906

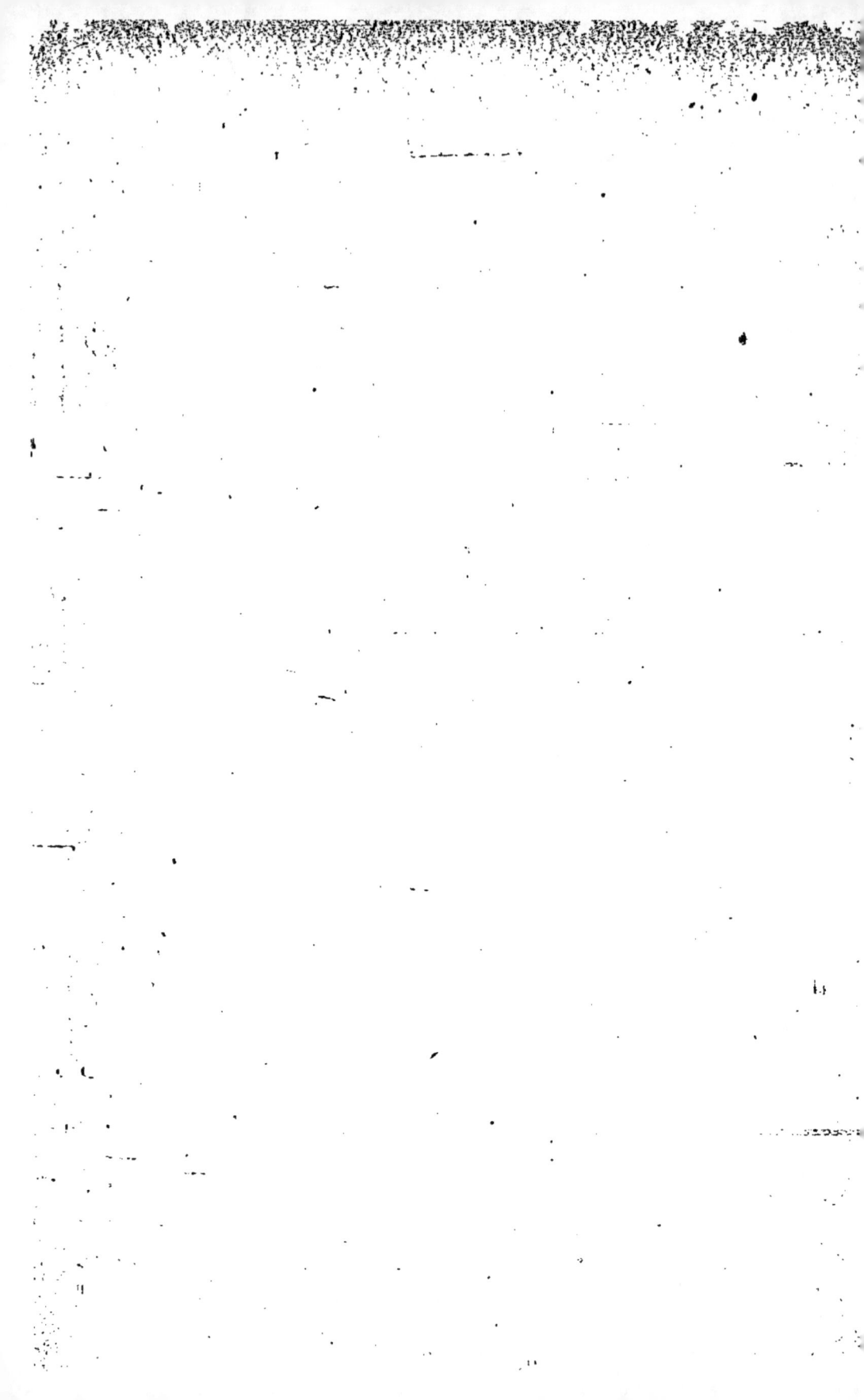

GUIDE

DU

MAGNÉTISEUR

OU

PROCÉDÉS MAGNÉTIQUES

D'APRÈS MESMER, PUYSÉGUR ET DELEUZE,

Mis à la portée de tout le monde,

INDIQUANT LES DANGERS ET LES BIENFAITS DU SOMNAMBULISME
ET CONTENANT DES INSTRUCTIONS SUR LA MANIÈRE
D'OBTENIR DES APPARITIONS DES DÉCÉDÉS ;

AVEC

UN APPENDICE SUR LE CHOLÉRA ET LES MOYENS CURATIFS
PRESCRITS PAR UNE LUCIDE,

PAR

L. A. CAHAGNET

———

TROISIÈME ÉDITION

PARIS

VIGOT FRÈRES, ÉDITEURS

23, Place de l'Ecole de Médecine

1906

GUIDE

DU

MAGNÉTISEUR

I.

Considérations générales.

Je n'emprunterai pas à la riche bibliothèque du
magnétisme l'histoire de cette précieuse faculté, que
possède l'espèce humaine depuis qu'elle existe ; le
cadre de cette brochure ne me le permet pas. Je me
bornerai à rappeler que Mesmer, savant médecin
allemand, a le premier démontré, mathématiquement,
cette puissance humaine.

Le marquis de Puységur, après Mesmer, a démontré
pratiquement et scientifiquement le somnambulisme.
Depuis ces savants, une foule d'honorables écrivains
se sont dévoués à répandre cette bienfaisante connaissance, au nombre desquels nous placerons en première
ligne le consciencieux Deleuze, puis MM. Du Potet,
Ricard, Teste, Aubin-Gauthier, Lafontaine, Charpignon,

non comme ayant le mieux fait, mais comme ayant le plus fait ; car bon nombre d'écrivains d'un mérite égal ont apporté leur pierre à la construction de ce monument humanitaire, dont la postérité, il faut l'espérer, posera le couronnement.

Le magnétisme humain est un de ces mille liens qui enchaînent tous les êtres entre eux, comme la puissance magnétique astrale relie tous les globes de l'univers.

Le magnétisme humain, c'est l'émission d'un fluide, d'une émanation, d'un arôme que possède l'homme en lui, comme tous les corps de la nature, et dont il peut disposer selon sa volonté au profit d'un être qui en a besoin pour aider son propre fluide à circuler, le rafraîchir ou le fortifier. En simple physique, il n'existe pas un seul corps, dans les trois règnes de la nature, qui ne soit traversé par des courants dits électriques, galvaniques et magnétiques ; ces courants sont une substance impondérable, un composé de particules dont on ne peut méconnaître l'existence.

L'homme est un assemblage de ces trois règnes. Il est un des êtres dans lesquels la vie paraît active au suprême degré ; il doit donc être, comme toutes les autres individualités de l'univers, traversé et mû par des courants de même nature ou d'une nature supérieure : la qualité, pour le moment, nous importe moins que la réalité du phénomène. Cette simple observation nous a fait concevoir le magnétisme humain.

L'homme peut imprimer à ces courants telle direction qu'il croit nécessaire ; par l'action magnétique il active ceux qui paraissent arrêtés chez un être malade : il peut en charger les organes qui en sont privés, et en soustraire aux organes qui en sont trop pleins ; établir l'harmonie où il y a désordre ; donner la force où il y a faiblesse, la santé où il y a maladie. Au point de vue physique, c'est un secours qu'apporte un organe en équilibre, à un organe troublé.

Pour magnétiser avec quelques succès, il n'est pas nécessaire de posséder une parfaite santé, mais seulement d'avoir un meilleur organe que celui qu'on veut guérir. Ainsi, un être sujet aux douleurs rhumatismales, aux maux de nerfs, faible de la poitrine, d'un mauvais estomac, ayant des intestins irritables, etc., etc., ne peut entreprendre la guérison de tels organes sans s'exposer à faire ou recevoir du mal.

Que l'on soit bien pénétré de cette vérité : le magnétisme est la propriété de tous, mais tous ne peuvent pas magnétiser avec le même succès. Quelques personnes éprouvent une perte de forces qui, très souvent, ne peut être réparée qu'à l'aide des plus grands soins ; on a vu le corps et la mémoire en être les victimes. Il ne faut donc magnétiser qu'avec une grande réserve, quand il est indispensable de le faire, et non pas avec prodigalité comme nous le voyons faire de nos jours.

Notre but n'est pas de démontrer l'existence du magnétisme par de longues et ennuyeuses définitions,

Nous conseillons à tous d'en juger d'après leur expérience. Si, ayant obtenu quelques succès, ils désirent faire des études plus élevées, ils pourront consulter les savants traités de MM. Deleuze, Ricard, Teste, Aubin-Gauthier, Du Potet, Lafontaine, et tous les ouvrages de magnétisme publiés depuis soixante ans.

II

Procédés magnétiques.

Chaque magnétiseur a sa manière d'opérer qu'il croit la meilleure ; il ne voit et connaît que les effets qu'il produit : hors lui point de salut ; c'est l'orgueil personnifié. Fort heureusement, comme nous l'avo.. dit, *le magnétisme est la propriété de tous*. La meilleure manière de magnétiser, est donc de vouloir fortement faire du bien, guérir ou soulager ; avec cette volonté, on fait des cures merveilleuses.

Nous avons reconnu que la désharmonie dans le corps humain ne provenait que de l'interruption des courants sanguins ou nerveux qui n'étaient plus stimulés par le fluide vital ou magnétique ; et que le manque de direction dans ces courants y procurait des agglomérations qui, par leur stagnation, engendraient du trouble et la maladie. Cette cause et cette définition bien comprises, on sent la nécessité de stimuler, cet agent vital par un secours extérieur, une absorption de ce fluide qui, sain et actif, doit redonner le mouvement au fluide arrêté momentanément.

Ce fluide s'introduit par des *passes*, ainsi nommées en magnétisme parce que les mains étant mécaniquement les conductrices de cet agent, on les promène du mal aux parties inférieures, ainsi qu'il suit. Je suppose qu'une personne ait un fort mal de tête. Je pose mes deux mains, une de chaque côté de la tête, un peu au-dessous du mal ; je les laisse environ cinq minutes, puis je les descends très lentement, présentant le bout des doigts au corps, jusqu'au bas des pieds. Je secoue mes mains comme si quelque-chose s'y était attaché, et je recommence cette opération à plusieurs reprises pendant vingt ou trente minutes. La personne doit se trouver la tête soulagée, si elle n'est pas guérie. Ce sont ces gestes qu'on nomme *passes à grands courants*. Ce genre de magnétisation est généralement adopté. Il n'est pas nécessaire, dans ces passes, que les doigts touchent le corps du malade ; on les tient éloignées à quelques pouces, droites et sans roideur, les doigts près l'un de l'autre sans être collés, les bras souples. Plus il y a de flexibilité dans ces gestes, plus le fluide s'écoule facilement. On se place devant la personne, debout ou assis, de manière à être bien à l'aise et n'éprouver aucune gêne. Dans toutes les maladies locales on agit de même, du mal aux extrémités. Dans cette simple opération est toute une science, une vie nouvelle, un monde nouveau, dont une multitude de phénomènes viennent dessiner les phases.

Les passes que nous venons de décrire ne sont pas les seuls moyens d'opérer en magnétisme, elles ne sont indispensables que quand l'harmonie est généralement troublée ; mais dans quantité de cas, elles présentent les modifications suivantes.

Dépôts, engorgements... L'imposition de la main sur la partie malade fait disparaître par enchantement les engorgements. Quand la main a ainsi séjourné dix minutes sur un dépôt très enflammé, elle a fait l'effet d'un cataplasme en se chargeant du feu que cette partie contenait : on sent ce feu qui gagne l'avant-bras et le coude au point de devenir insupportable. Dans cet instant, si quelque incrédule doute de cette action de l'homme sur l'homme, on peut lui proposer de supporter cette main, ainsi chargée, sur la joue (par exemple), l'y laisser le même temps qu'elle a été sur le mal ; il ne tardera pas à reconnaître à la douleur qu'il sentira en cet endroit, qu'il a eu tort de douter : vous aurez déposé sur sa joue saine ce que le mal avait déposé dans votre main. C'est pour cela que l'on recommande de secouer les doigts à chaque passe, et, lorsque la magnétisation est finie, de se laver les mains dans un bain d'eau acidulée de bon vinaigre ou d'eau-de-vie camphrée. N'écoutez pas ceux qui vous diront que ces précautions sont inutiles ; il suffit qu'il soit possible de mal s'en trouver, pour éviter que le mal n'arrive. Prenez cette précaution toutes les fois que vous magnétiserez un malade.

Pendant tout le temps du traitement que vous entre-prendrez, faites en sorte de toujours magnétiser à la même heure ; que ce soit vers le milieu du jour s'il est possible. Une demi-heure à chaque séance est suffisante.

Du reste, afin de ne point paraître vouloir faire pré-valoir telle ou telle manière de magnétiser, nous allons emprunter aux *Aphorismes* de Mesmer les moyens qu'il employait lui-même dans certains cas pour opérer avec plus de succès.

« *Dans l'épilepsie*, on touche la racine du nez d'une main, et de l'autre la nuque. On cherche dans les viscères, par un second attouchement, la cause qui s'y trouve fort souvent. » S'en rapporter, pour le temps des séances et la manière de faire les passes, à ce que nous avons dit plus haut : toujours partir du mal et descendre aux extrémités de la partie malade. Si l'on préfère l'attouchement seul on est libre. La réussite sera la preuve évidente que la manière aura été bonne.

« *Dans l'apoplexie*, on touche la poitrine, l'estomac, surtout le creux. On touche, en opposition, l'épine du dos depuis le cou jusqu'au bas du tronc. Ne point quitter le malade, qu'il ne soit rendu aux sensations ordinaires. » Dans ces cas on peut prier quelqu'un, si l'épuisement vous gagnait, de vous poser la main sur l'épaule et de prendre la main d'une autre personne ; s'il s'en trouve plusieurs, qu'elles fassent ainsi ce qu'on nomme la chaîne, votre action sera beaucoup plus puissante.

« *Dans les surdités, maux d'oreilles*, on met l'extrémité des pouces dans l'oreille, écartant les autres doigts pour qu'ils soutirent une certaine quantité de fluide qui est dans l'atmosphère qui nous entoure. Lorsqu'ils en sont chargés, on les ramène vers la paume de la main et on laisse ainsi la main appliquée contre la tête. »

« *Dans les maladies des yeux*, on présente le bout des doigts qu'on promène sur le globe et les paupières, surtout dans les taies. Dans les inflammations, il faut toucher légèrement. » Nous recommandons, nous, de les laver avec de l'eau magnétisée.

« *Dans la teigne*, on applique des linges imbibés d'eau magnétisée ; on magnétise de même les bonnets. Ne pas employer le magnétisme direct, on s'exposerait à gagner le mal ; on emploie ce genre de magnétisme qu'on nomme intermédiaire, dont nous parlerons plus loin. »

« *Tumeurs de toute espèce, engorgements lymphatiques ou sanguins, plaies ou ulcères.* Employer le magnétisme tel que nous l'avons enseigné : puis les lotions d'eau magnétisée tiède ou froide qui calment subitement. » Nous employons, nous, dans les inflammations, des compresses imbibées de cette eau salutaire.

« *Maladies cutanées*. Le magnétisme à grands courants, tel que nous l'avons enseigné en commençant. »

« *Maux de tête*. Toucher le front, le sommet, les pariétaux, les sinus frontaux et les sourcils, l'estomac et les autres viscères qui peuvent en recéler la cause. »

« *Les maux de dents*. Toucher les articulations des mâchoires et les trous mentonniers. »

« *La lèpre*. Traitement intermédiaire comme pour la teigne. »

« *Paralysie de la langue*. Toucher la bouche avec le bout des doigts. »

« *Maux de gorge*. Toucher de même la partie souffrante. »

« *Migraine*. Toucher d'une main l'estomac, et le temporal, où se fait sentir la douleur, de l'autre main. »

« *Asthme, oppression*. Poser une main sur la poitrine, et l'autre sur l'épine du dos, puis les descendre, toutes les deux très lentement jusqu'au creux de l'estomac, où on les laisse un peu séjourner, surtout dans l'asthme humide. »

« *L'Incube* se traite de même. Ne pas se coucher sur le dos. »

« *Obstructions du foie, de la rate et des autres*

viscères, se touchent localement avec plus ou moins de constance, selon l'ancienneté du mal. »

« *Les coliques, vomissements, douleurs d'intestins,* etc. On touche le mal avec beaucoup de légèreté ; s'il y a inflammation, éviter le toucher en tous sens. »

« *Dans les maladies de matrice,* on touche non-seulement ce viscère, mais ses dépendances, les ovaires et ligaments larges, qui sont situés dans la partie latérale et postérieure, et les ronds dans l'aine. »

« D'après de nombreuses observations, la paume de la main appliquée sur la vulve hâte le flux menstruel et remédie aux pertes. Cela doit être aussi dans le relâchement et les chutes de la matrice et du vagin. »

Nous ferons observer, pour notre part, que le magnétisme est d'un grand secours contre les suppressions. Nous avons toujours été assez heureux pour faire reparaître le flux menstruel en quelques séances, sans que la pudeur en soit alarmée. L'attouchement est très efficace, mais on peut s'en passer et y suppléer par une très forte volonté attractive, et des passes à distance vers ces parties.

Dans la goutte et les douleurs rhumatismales, nous conseillons de prendre beaucoup de précautions ; secouer les mains à chaque passe et se les bien laver après la séance, ainsi que nous l'avons indiqué.

III.

Magnétisme Intermédiaire.

Mesmer ne pouvant suffire à magnétiser directement tous les malades qui réclamaient ses soins, eut l'idée de composer un baquet autour duquel il pouvait placer une certaine quantité de malades qui tous, par la disposition des conducteurs placés dans ce baquet, éprouvaient en même temps le soulagement qu'ils désiraient. Par ce moyen intermédiaire, on est moins exposé à s'inoculer certaines maladies contagieuses ; l'épuisement est moins grand, et les résultats sont plus étendus. Ces baquets sont des boîtes ordinaires de toutes grandeurs qu'on emplit de sable, de limaille de fer, de mâchefer, de verre pilé et de bouteilles d'eau magnétisée. On place au milieu une tige de fer que le couvercle de la boîte maintient droite et solidement ; on attache à sa partie supérieure plusieurs cordons en laine. Chaque malade, en prend un qu'il pose sur la partie malade, reçoit les courants qui s'échappent de ce conducteur environ une demi-heure, puis se retire.

Il peut survenir ce qu'on nomme *des crises*, qui sont des spasmes nerveux plus ou moins compliqués, que le magnétiseur calme par quelques passes à grands courants de la tête aux pieds ; ces crises, loin d'effrayer les malades, doivent au contraire les réjouir, car elles sont toujours salutaires.

Le magnétiseur apprête ainsi son baquet : il magnétise par poignée les substances qu'il dépose dedans ; il passe des fils de fer dans les bouchons des bouteilles d'eau, dont il fait converger le goulot vers la tige du milieu qui sert de conducteur, à laquelle il attache les fils de fer des bouteilles. Dans un demi-heure de magnétisation on peut préparer tout l'intérieur d'un baquet.

On magnétise une bouteille en posant son pouce dans le goulot, et la tenant par le fond de l'autre main ; on l'agite de haut en bas, et de bas en haut, puis on la tient tentre les deux mains en faisant des passes au dehors avec l'idée d'introduire dedans le fluide qui s'échappe des mains : cinq minutes de cette manipulation suffisent pour qu'une bouteille d'un litre soit assez saturée.

Le baquet ainsi composé, il suffit, pour l'entretenir dans son état magnétique, de prendre la tige de fer qui sert de conducteur dans ses mains, tous les jours un quart d'heure : les matières qui sont dans l'intérieur réabsorbent à leur tour le fluide qu'elles ont donné la veille, et le baquet se trouve assez chargé.

M. de Puységur avait magnétisé dans son jardin un arbre qui opérait des guérisons aussi nombreuses et aussi radicales que le baquet de Mesmer. Il s'y prenait ainsi : il embrassait l'arbre (qui était un orme*) à bras-le-corps pendant quelques minutes, puis s'éloignait de quelques pas, présentait le bout des doigts vers son sommet, et redescendait les mains lentement dans la direction des branches et le corps de l'arbre, jusqu'à ses racines qu'il saturait aussi de quelques passes. Il consacrait ainsi tous les jours une demi-heure à magnétiser son arbre, auquel il avait attaché des cordons en laine. Chaque malade tenait l'extrémité d'un de ces cordons appliquée sur son mal. Des sièges convenables étaient placés au pied de cet arbre, sur lesquels s'asseyaient les malades, qui causaient entre eux pendant que l'agent magnétique savait seul les guérir ou les soulager, et que ce dévoué disciple de Mesmer jouissait intérieurement du bien qu'il faisait.

On peut faire un petit réservoir magnétique qui est aussi simple que peu embarrassant. On prend une bouteille d'eau, qu'on magnétise ainsi que nous avons indiqué ; on en perce le bouchon, dans le trou duquel on introduit une verge en fer qui touche d'un bout dans l'eau, et dont l'autre bout retient un cordon de laine que le malade pose sur son mal : il en éprouve le plus grand soulagement.

On magnétise aussi les gilets de flanelle, les bonnets de nuit, les bas, le lit même du malade. On tient

---

* On peut magnétiser également un chêne, un frêne ou hêtre. Les arbres à fruits sont moins salutaires.

ces objets quelque temps dans ses mains, et l'on fait des passes sur le lit. Le malade s'en trouve très bien. On a simplifié ces moyens extraordinairement, on en a fait en quelque sorte l'homéopathie du magnétisme. Un simple morceau de papier gris, tenu entre les mains cinq minutes, avec l'intention de calmer une douleur quelconque, étant posé sur cette douleur, la calme subitement. Nous sommes témoins journellement de ces merveilles. Nous demandions à notre lucide Adèle pourquoi elle préférait du papier gris à d'autre papier ou étoffes de coton et de soie, elle nous répondit : « Le papier gris est un composé de lainages, et la laine est le meilleur conducteur que je connaisse. » Cette expérience est si facile à faire, qu'il faudrait être bien systématiquement opposé au magnétisme pour ne pas l'essayer. Ce simple morceau de papier, posé sur le ventre, apaise les coliques, facilite l'évacuation des gaz ; étant posé sur le creux de l'estomac, il en calme les douleurs et facilite les digestions pénibles.

Le fluide magnétique, ainsi déposé sur les objets intermédiaires, est d'un grand secours dans les traitements à distance et les guérisons des maladies dangereuses à magnétiser, comme nous l'avons fait remarquer.

L'emploi de l'eau magnétisée est aussi d'une grande utilité dans les maladies intérieures, bue à discrétion, et dans les lotions extérieures pour les inflammations, etc. Nous avons enseigné la manière de magnétiser une bouteille d'eau ; on peut également n'en magnétiser qu'un verre, en tenant le fond du verre d'une main, et de l'autre agitant doucement les doigts au-dessus, comme si on allait les enfoncer dedans : trois minutes d'une telle magnétisation suffisent pour que ce verre d'eau soit saturé. Le malade qui en boira un verre tous les matins à jeun, s'en trouvera très bien. L'eau magnétisée rafraîchit le corps, calme les nerfs, facilite les selles, épure les urines. Il faut essayer ces choses pour les croire.

IV

Puissance du souffle.

Le souffle est une des plus belles propriétés humaines. Dans nos campagnes, certains hommes réputés sorciers l'emploient très souvent dans les brûlures, sur lesquelles ils soufflent à trois reprises, et en forme de croix, en prononçant les paroles suivantes à chaque fois : « Feu, feu, feu, perds ta chaleur comme Judas perdit sa couleur en trahissant Notre-Seigneur. » Dans nos salons, nous voyons continuellement nos petites-maîtresses qui, au moindre mal de tête, versent quelques gouttes d'eau de Cologne sur un mouchoir et prient une amie de leur appliquer ainsi imbibé sur le front, et de souffler fortement dessus. Le mal de tête se dissipe, moins par la vertu de cette eau parfumée d'arômes qui au contraire sont très irritants pour les nerfs, que par la puissance calmante du souffle.

Dans les maux de tête, nous soufflons sur le front de la personne à une distance de deux pouces environ, avec l'intention que ce souffle traverse la tête et rafraîchisse les parties enflammées, ou calme les nerfs irrités ; nous soufflons ainsi plusieurs fois de suite. Un souffle léger sur les yeux en calme l'inflammation. Le souffle à chaud dans les oreilles y est très salutaire pour la surdité et les bourdonnements : on applique sa bouche sur un linge blanc qui sert d'intermédiaire entre l'oreille et les lèvres, et l'on souffle doucement, à plusieurs reprises. Le souffle à chaud (ainsi que nous venons de le décrire) sur la gorge (au gosier) d'une personne qui étrangle par l'ascension de la boule hystérique (ou toute autre cause nerveuse), produit le plus grand soulagement. Dans les syncopes les plus fortes, nous soufflons à chaud sous le sein gauche de la personne, avec l'intention de rétablir la circulation, et de la rappeler à la vie ; nous n'avons jamais fait cette expérience en vain, elle est supérieure aux sels les plus actifs.

Le souffle à chaud sur le ventre d'un enfant ou d'une grande personne, dans les coliques, les inflammations ou les irritations nerveuses, procure le plus grand calme et fait rendre les gaz qui fort souvent causent ces désordres. Le souffle sur une plaie quelconque calme l'inflammation existante et la cicatrise. Le souffle à froid sur un verre d'eau, de tisane ou toute boisson, avec l'intention de rafraîchir telle partie intérieure du corps qui en a besoin, le fait subitement, facilite les selles et procure les mêmes résultats que l'eau magnétisée.

Les propriétés du souffle sont tellement incroyables, qu'on hésite autant à les dire qu'à les croire. Dans les accès de délire, de somnambulisme naturel et de cauchemar, le souffle à froid sur le front calme instantanément et chasse les images de l'hallucination. Plus la bouche, la poitrine et l'estomac de celui qui emploie le soufle sont en bon état, plus il a de puissance. Une bouche bien entretenue est un calice contenant un baume inestimable.

————

V.

Propriétés de la salive.

Comme nous venons de le dire, si une bonne bouche, une bonne poitrine et un bon estomac procurent un souffle sain, ils doivent également produire une saine salive, qu'on peut employer contre les maux d'yeux, les taies, etc., en les imbibant; contre la surdité, en l'introduisant dans les oreilles ; dans les pustules, boutons, ulcères, dartres, démangeaisons, en en frottant les endroits affectés.

Dieu a fait de notre corps une pharmacie portative. Les cheveux brûlés sous les narines d'une personne en syncope, à défaut de sels, la font revenir à elle. Les ongles réduits en poudre servent de vomitif. La seconde urine du matin cicatrise les ulcères, apaise les inflammations, guérit les dartres ; mêlée avec un peu de savon, en compresse sur les foulures, elle les guérit en peu de temps. Le résidu jaune qui se trouve dans les oreilles, appliqué sur les paupières enflammées, procure le plus grand bien.

Ceux qui croient qu'une particule de vaccin peut, étant inoculée dans notre sang, anéantir les ravages de la petite-vérole, peuvent bien croire ce que nous venons de dire. Nier un fait parce qu'il paraît ridicule et ne pas l'étudier, c'est se rendre ridicule soi-même. Croire qu'un atôme pestilentiel apporté dans une lettre peut couvrir de son fléau mortel toute une partie du globe, et ne pas admettre qu'une multitude d'atômes que l'homme répand continuellement avec ou sans sa volonté, peuvent contenir des propriétés bienfaisantes, si telle est leur nature, c'est, je le répète, être très inconséquent. Essayez, voyez et jugez...

VI.

Phénomènes du magnétisme.

Nous venons d'enseigner en peu de mots la manière de soulager ses semblables ; nous allons de même présenter un faible aperçu des phénomènes que ce genre de médication développe. Très souvent au moment qu'on s'y attend le moins, la personne soumise à votre action, selon sa nature nerveuse, sanguine ou bilieuse, peut se trouver atteinte d'étouffements, de spasmes, de convulsions, de catalepsie, de sommeil ou de somnambulisme. Dans ces différents cas, il faut conserver son calme habituel, ne pas s'effrayer, opposer une douce quiétude à l'agitation, une ferme volonté aux caprices, éloigner les personnes qui seraient susceptibles de s'effrayer à la vue de ces états et qui reporteraient leur effroi, par un effet sympathique, sur le sujet malade qui alors l'absorberait avec une facilité incroyable qui augmenterait beaucoup son agitation. Il pourrait arriver aussi qu'une personne présente, par le même effet sympathique, partageât l'agitation du convulsionnaire, ce qui donnerait deux personnes à calmer au lieu d'une. Dans de telles crises nerveuses, il est bon de rester seul avec la malade ; la poser convenablement sur un lit ou sur un siége, s'éloigner de quelques pas et la dégager par des passes un peu vives partant de la tête aux pieds, et d'autres passes non moins vives nommées transversales qu'on fait principalement devant la tête, la poitrine et l'estomac, en approchant le dessus des mains l'un contre l'autre, puis on les éloigne avec vitesse comme si on en écartait quelque chose qui gênerait la malade. Si, de cette manière, on ne peut obtenir le calme instantanément, on continue et l'on souffle à froid sur le front ; le bien-être ne tardera pas à reparaître.

Dans la catalepsie ou tétanos, dont les symptômes sont à peu près les mêmes (une roideur extrême du corps ou des membres), on fait des passes lentes jusqu'aux extrémités, en touchant le corps ou les membres ainsi affectés et en exerçant une légère pression. On souffle aussi à chaud dans les saignées des bras, le creux des mains et sur le creux de l'estomac, avec une forte volonté de faire pénétrer ce souffle comme une vapeur tiède qui doit redonner l'élasticité aux nerfs et aux muscles.

Si ce moyen ne réussit pas, ne vous effrayez pas ; questionnez la personne qui est dans cet état, et demandez-lui ce qu'il faut faire pour la dégager : on est rarement en catalepsie sans être en somnambulisme ; elle vous répondra, et vous ferez ce qu'elle vous conseillera. Si, contre votre attente, elle ne vous répond pas, faites-lui quelques passes devant la bouche pour la lui déparalyser, et questionnez de nouveau à distance ou rapproché, haut et bas, près de l'oreille, sur le bout de ses doigts ou sur le creux de l'estomac, la bouche appuyée contre ces endroits. Si elle ne vous répond pas, continuez d'être calme ; sortez un peu, sans trop vous éloigner, pour rafraîchir vos idées, et rompre un courant invisible qui pourrait exister de vous à elle et la charger continuellement. Revenez après une demi-heure, déchargez-la de nouveau ; elle peut rester ainsi plusieurs heures ; ne craignez rien, car il ne peut arriver aucun accident fâcheux ; mais aussi, évitez qu'elle soit touchée par personne que par vous.

Dans le sommeil magnétique, questionnez pour connaître si la personne est en somnambulisme ; dans ce cas, elle répond sans se réveiller : ses yeux sont clos, elle ne peut les ouvrir ; elle n'entend que vous, est insensible, et n'a aucune souvenance de ce qui s'est passé dans cet état, lorsqu'elle est réveillée ; ce sont les qualités ordinaires d'un bon somnambule. Mais il peut arriver aussi que le sujet entre dans l'état somnambulique sans avoir les paupières abaissées, les yeux seulement sont fixes : il peut entendre les personnes présentes et le bruit extérieur, ne pas être insensible, et se souvenir à son réveil de tout ce qu'il a dit dans cet état, en assurant qu'il n'a pas dormi ; sa lucidité n'en sera pas moins très bonne.

On ferait un fort volume sur les phénomènes que présente l'état somnambulique.

Voici les moyens que nous employons pour le pro-
voquer. Il n'est pas nécessaire d'être malade pour
entrer en cet état ; beaucoup de personnes jouissant
d'une bonne santé apparente sont très susceptibles de
somnambulisme, surtout celles qui ont le système
nerveux très impressionnable, qui sont croyantes, les
femmes dans les premiers mois de leur grossesse, les
enfants qui écoutent avec avidité les histoires, etc.,
etc. Il suffit de leur poser la main sur la tête, sur l'endroit qu'on nomme la fontaine, l'y laisser dix minutes,
et la descendre très doucement devant la racine du
nez, en présentant seulement le bout des doigts devant ces parties ; puis envelopper la tête de fluide avec
les deux mains, en déposer principalement sur les
tempes et les paupières, les fixer avec la forte volonté
qu'elles s'abaissent. Après une demi-heure, si la personne ne dort pas, ne vous fatiguez pas davantage,
vous recommencerez le lendemain à la même heure.
Dégagez-lui la tête comme nous l'avons dit, soufflez-
lui sur le front et sur les tempes, de manière qu'elle
se sente dans son état normal et qu'elle n'y éprouve
aucune pesanteur. Ayez soin d'en agir ainsi chaque
fois que vous magnétiserez. Si, après quatre à cinq
jours d'une telle magnétisation, elle ne dort pas, ne
vous fatiguez pas davantage, cherchez-en une autre.
Si, au contraire, la personne entre en sommeil, demandez-lui comment elle se trouve, si elle a la tête
assez chargée, si elle se sent en état de somnambu-

lisme et peut répondre à vos questions, ou quand elle pourra le faire. Lorsqu'elle est dans cet état complètement, on cherche à reconnaître le genre de lucidité qu'elle possède, soit pour les maladies, les vues à distance, les expériences de curiosité ou les communications avec les esprits. Vous vous conformerez à sa spécialité, c'est elle qui doit le préciser. Si vous voulez avoir un lucide supérieur, ne lui adressez jamais de questions en dehors de cette spécialité, demandez-lui à chaque fois s'il désire vous donner une consultation. Vous entrez alors dans une étude nouvelle qui mérite toute votre attention, qui commande votre admiration et votre défiance.

Soyez prudent, et consultez les ouvrages qui traitent des propriétés somnambuliques ; le nombre en est grand, et ils n'ont pas encore tout dit.

———

VII

Dangers auxquels sont exposés les Magnétiseurs de la part des Somnambules.

Un bon lucide est une fortune pour celui qui sait l'apprécier, le conduire et en profiter. Tous les magnétiseurs désirent faire des somnambules, et tous les magnétisés désirent le devenir ; aussi voyons-nous

tous les jours des personnes qui désirent être en somnambulisme, et qui le sont moins que leur magnétiseur. On doit s'assurer de l'existence de cet état par
un fait *positif* bien *vérifié*, bien *constaté*. J'appuie avec
intention sur ces trois mots, car je suis désolé de rencontrer tous les jours tant de magnétiseurs qui
croient posséder la perle des lucides, et qui ne possè-
dent que d'adroits jongleurs qui captent leur confiance
par des soi-disant révélations que ces fourbes tiennent
de compères, des confidences fortuites des connais-
sances qu'ils ont, des lieux où vont leurs crédules
magnétiseurs et des goûts de ces derniers ; ils ména-
gent leurs révélations, les distancent des mois, ils
jouent ainsi des hommes confiants et honnêtes, qui
n'ont pas la moindre idée de leur astuce. Tel on a vu
un docteur qui, pendant trois ans, crut à la lucidité
d'une adroite comédienne dont le docteur Frappart
lui démontra sa fourberie en une séance.

Il existe ensuite de vrais lucides qui ne sont pas
moins à redouter que les faux ; ces méchants somnambules s'insinuent dans vos pensées au commencement
de leur sommeil, à chaque séance ; sous prétexte d'un
moment de recueillement, ils en font une soustraction
et y portent une désorganisation complète : le fil en est
perdu, la mémoire n'est plus d'aucun secours. Ces
lucides vous paraissent attachés, sont vos confidents ;
ils vous détachent de vos parents et amis, ils éloi-
gnent adroitement de vous les plus clairvoyants, les

montrent à vos yeux comme des traîtres, des gens
nuisibles, et finissent par se rendre maîtres de vos
affaires, de votre confiance : ils en disposent selon
leur volonté, et vous enchaînent à leur char quand
vous les croyez enchaînés au vôtre. Ces intrigues se
rencontrent de femme à homme, fort souvent, ce qui
fait que les inclinations se déclarent, les ménages se
brouillent : on abandonne femme, enfants, maison,
pour vivre avec cet ange tutélaire ; fort heureux pour
la femme et les enfants, s'ils ne sont pas mis à la porte
pour céder leur lit encore tout chaud à la prostituée
qui profite d'un état sain pour aliéner votre jugement
et capter votre bienveillance. Que de maux de ce genre
existent à Paris ! Malheur à l'homme faible qui se laisse
ainsi séduire, un terrible avenir l'attend : l'hébétude ou
la folie.

Il existe aussi de ces méprisables lucides qui peuvent procurer des maladies et des hallucinations. Ce
qui est le plus extraordinaire, c'est que leurs magnétiseurs se disent et se croient forts d'esprit et de volonté ;
ils ne jugent pas leurs actes, ils sont bouffis d'orgueil.
D'autres voyants se disent en rapport avec des êtres
divins, blasphèment le nom sacré de Dieu en vous
conseillant, en son nom, de faire telle ou telle chose
qui vous couvre d'un ridicule bien mérité. Ces lucides
sont guidés par des esprits espiègles, menteurs ou
ignorants, dont toute l'affection est de rire de votre
incrédulité. Dans ces sortes de communications, il

faut être sans cesse sur la défiance, n'accepter que ce qui paraît admissible, harmonique, religieux et divin ; religieux au point de vue de l'amour de Dieu et de nos semblables. Que l'on consulte à cet égard votre ouvrage des *Arcanes de la vie future dévoilés*, et les œuvres de Swedenborg.

Une autre classe de ces somnambules malveillants enseignent de mauvais remèdes, et ne se font pas de scrupule d'empirer le mal au lieu de le guérir. Que l'on consulte à cet égard les ouvrages de M. Ricard, etc., etc.

Nous en avons d'autres qui découvrent des trésors, se font conduire sur les lieux pour voir du pays, se faire promener et héberger. On revient les poches pleines de sable, et le cœur désillusionné. Il serait impossible d'énumérer les astuces de ces mauvais somnambules ; elles sont incalculables.

Il existe encore une espèce de lucides, sujets à ce qu'on nomme des hallucinations, dont ils ne sont pas responsables ; il y a plus souvent de la faute du magnétiseur que du magnétisé.

VIII.

Dangers auxquels sont exposés les Somnambules de la part des Magnétiseurs.

Nous avons décrit quelques-uns des dangers que courent les magnétiseurs de la part de leurs lucides ; nous décrirons également ceux auxquels sont exposés ces derniers de la part de leurs magnétiseurs. De part et d'autre il faut de la probité, de la vertu, de la loyauté ; hors de là, les rapports n'engendrent que troubles et déception.

1° Le magnétisé peut avoir pour magnétiseur un être malsain qui lui inoculera des germes de maladies.

2° Il peut être sous la dépendance d'un homme de mauvaises mœurs dont l'influence immorale pourra insinuer dans son cœur du désordre, des passions impudiques, et le rendre victime dans son état de sommeil, et même de veille, de ses appétits brutaux, si le lucide est d'un sexe différent.

3° Il peut être conduit par un ignorant qui ne sache pas lui éviter des crises fâcheuses produites par de pénibles recherches, par le contact d'êtres argumenteurs, incrédules, répandant un mauvais fluide qui peut mettre le lucide dans un état inquiétant.

4° Il peut tomber sous la domination d'un être

orgueilleux qui mettra sa vie et sa raison en danger,
par une multitude d'expériences plus ou moins fati-
gantes et étrangères à sa spécialité. Ordinairement,
ces magnétiseurs sont des bourreaux qui livrent leurs
lucides en pâture à la férocité d'une cohorte de tigres
sous la figure d'hommes qui, pour s'assurer que cette
victime est insensible, l'empoisonnent, la tenaillent,
la brûlent, la torturent de toute manière, et qui, en
somme, ne prouvent qu'une chose, à savoir, qu'ils ne
sont que des ignorants et des sauvages, dignes de toute
la rigueur des lois.

5° Il peut arriver encore que le magnétiseur sera un
homme d'argent qui fera dormir son lucide dix ou
quinze fois par jour, et lui donnera à peine de quoi se
nourrir et se vêtir proprement. Ces égoïstes ne feront
aucune attention qu'ils usent les facultés mentales et
physiques de leur lucide ; peu leur importe une créa-
ture plus ou moins idiote qu'ils auront envoyée à
Charenton, ou mendier son pain au coin d'une borne !
ils encaissent les écus, toute leur sensibilité est là.

La plume se refuse à tracer tout ce qui peut surgir
de troubles pour l'un et l'autre, lorsqu'on ne sait pas
allier la bonté à la bonté, la vertu à la vertu. O magnétisme ! dans toute ta pureté tu deviens l'ami indispensable de la famille, mais tu ne dois pas en sortir [....
Que la main qui t'a élevée, jeune fille, complète son
ouvrage en te donnant la santé ; et toi, jeune homme,
que la main fraternelle, ou celle de la pure et sainte

amitié, guérisse tes maux ! mais regarde à deux fois
si une main étrangère est digne de te toucher, si elle
est aussi douce que tes mœurs, aussi blanche que ton
àme, aussi généreuse que ton cœur.

Que l'affection du bien la dirige !

Que l'humilité la domine !

IX

Magnétisme spirituel.

Que fait cette mère éplorée, agenouillée sur la dalle
froide et humide qui sert de degré à cette chapelle
destinée à la Vierge ? Elle prie la Mère du Christ de
rendre la santé à son enfant bien-aimé, et regarde à
chaque instant si la flamme du cierge qu'elle lui a
offert ne vacille pas ou ne va pas s'éteindre.

Cette autre, jeune fille aux joues baignées de larmes,
qui est près d'elle, n'implore-t-elle pas de la même
manière cet ange protecteur de conserver les jours à
sa mourante mère ?

A toute heure, tous les jours, toute l'année, pendant
des siècles, des milliers d'années, n'a-t-on pas toujours
vu la même confiance, entendu les mêmes prières, vu
verser les mêmes larmes d'amour ? Si cela n'avait

rien produit, l'eût-on perpétué si longtemps ? Non. Il y a dans ces mystères quelque chose que l'âme ne peut approfondir, mais qu'elle vénère ; qu'elle ne peut expliquer, mais qu'elle croit : la prière. C'est le magnétisme d'un cœur pur et croyant, c'est l'élévation de ce cœur vers son Créateur, qui lui demande un bienfait que la nature semble lui refuser, c'est l'amour dans sa sublimité, c'est la croyance dans toute son humilité ; c'est l'âme qui oublie pour un moment son alliance avec la matière, pour ne se souvenir que des bontés et de la puissance de son Créateur : elle sait toute la nullité de la terre, et s'élève vers la source de tout ce qui est.... de tout ce qui aime... et de tout ce qui sauve !

Oui, au pied du lit de ton père mourant tu peux t'agenouiller, fille aimante et angélique, implorer la miséricorde du Seigneur, pour sa guérison ! Les larmes que tu répands, les soupirs étouffés de ton cœur, tout cela n'est pas perdu. Les Esprits célestes les recueillent et les déposent au pied du trôn: majestueux de ton Dieu, qui t'en récompense en répandant son souffle divin dans ce corps mourant qui va se ranimer à son contact, pour te regarder encore, te presser de nouveau sur son cœur et te bénir.

Ton père vivra, te dis-je. Aie foi et prie !!!

X.

Spiritualisme, monde des Esprits.

Ce que le somnambulisme obtenu par le magnétisme prouve *à priori*, c'est l'existence de l'âme et de son immortalité. Avoir fait des somnambules, avoir étudié leurs propriétés, et douter de cette vérité, ce serait faire preuve de très peu de jugement ou de mauvaise foi. Le lucide ne voit pas par les yeux, ni ne sent pas par les sens de son corps matériel ; cet état le met à même de disposer d'organes plus propres au genre de perceptions qu'il obtient alors, et qu'il ne pourrait obtenir dans son état ordinaire. En effet, il peut voir et entendre à d'immenses distances, rapporter ce qui s'y fait, y interroger les personnes desquelles on veut obtenir des réponses, les transmettre au questionnant, sans que la personne ainsi questionnée à distance sache qu'elle a lié une conversation avec un être invisible qui a pu savoir ce qu'elle fait présentement, ce qu'elle a fait, et ce qu'elle se propose de faire dans l'avenir. Ce seul phénomène doit être victorieux de tout argument en faveur de la non-existence de l'âme ou de l'impossibilité qu'elle quitte son corps à son gré. Des expériences du genre de celles-ci ont été faites assez de fois, se font, et sont trop à la portée de tout le monde pour les mettre en doute ; si elles sont vraies (comme on n'en peut douter), elles démontrent l'existence d'un être libre, actif, indépendant de son corps matériel, pouvant s'en séparer à volonté selon certaines conditions, se mettre en rapport avec des êtres de sa nature et en donner à son gré connaissance à son corps : ce qui démontre deux existences bien distinctes, bien séparées.

Ce que nous disons là n'est point le fruit de suppositions, ou de déductions métaphysiques ; c'est de la pure logique à la portée de tous.

Le lucide peut encore voir ce qui fut, ce qui est et ce qui sera ; ce qui fut et n'est plus, ce qui est à de très grandes distances, et ce qui sera dans un temps très reculé. Que conclure de cette propriété ? Si ce qui fut n'existait plus, comment le reconnaître sans le secours d'un représentatif quelconque ou de l'histoire ? Si ce qui sera n'existait pas déjà, comment le décrire et l'annoncer ? Ces expériences ont été faites à satiété ; tous les livres sur le magnétisme en sont remplis ; les hommes les plus honorables n'ont pas craint de les appuyer de leurs noms. Elles sont encore à la portée de tous ; elles sont donc vraies, et nous démontrent l'existence d'un monde invisible où tout ce qui a été manifesté sur terre retourne, et où tout ce qui n'a pas encore été manifesté attend pour l'être. Je ne sais si cette conclusion peut rencontrer une contradiction ; je ne le pense pas. Sans nous en douter, et sans le désirer, nous entrons malgré nous dans ce monde invisible et nous nous trouvons forcés de l'étudier, pour peu que nous ayons quelques facultés de le faire. Nous abordons alors la partie la plus élevée, la plus sublime, la plus consolante du magnétisme, qui nous a donné, par le somnambulisme, la clef d'une des portes du monde mystérieux des causes. Si c'est dans ce monde d'où tout sort et où tout retourne, que nous devons tout retrouver, ce qui fut et sera, et si une de nos actions ne peut être anéantie, nous, les moteurs de ces actions, nous devons vivre comme elles et être où elles sont. Si le lucide peut les retrouver une à une, comme nous l'avons dit, il peut nous retrouver comme elles. Nous arrivons naturellement à admettre les perceptions de l'une comme de l'autre, et nous ne pouvons douter de la possibilité d'entrer en communication avec les âmes des décédés. C'est après avoir conclu ainsi, que nous nous sommes livré à cette étude, et avons été assez heureux pour réussir au delà de nos désirs.

Etant alors livrés seulement à l'étude des phénomènes du magnétisme et du somnambulisme, nos lucides accusaient sans cesse qu'ils étaient en rapport avec leurs parents ou amis décédés. Peu disposé que nous étions à accepter ces révélations, nous n'y voyions qu'un écart de l'imagination, une grande facilité qu'avaient ces lucides de fouiller dans le domaine de leur mémoire et y percevoir des tableaux plus ou moins contestables ; cependant nous prenions des notes qui plus tard nous servirent à composer notre ouvrage des *Arcanes de la vie future dévoilés*. Lorsque nous eûmes acquis la conviction que ces perceptions étaient bien réelles, et que nous pûmes les appuyer par le raisonnement précité, nous nous livrâmes avec un grand amour à l'étude de cette propriété, que nous trouvâmes reconnue dans beaucoup d'ouvrages sur le magnétisme, par des hommes qui ne pouvaient errer sur ce point. Nous crûmes qu'il était nécessaire de pousser cette propriété aussi loin que possible, en faisant percevoir à nos lucides des personnes décédées qui leur étaient totalement étrangères et inconnues ; la réussite fut complète. Nous donnâmes de ces apparitions à qui nous en demanda ; nous appelâmes à vérifier ces faits les savants, les magnétiseurs et les personnes studieuses, pour qu'elles s'assurassent de la vérité de cette propriété. Nous fûmes écouté. Beaucoup de magnétiseurs tentèrent ces expériences d'après les conseils et la manière d'opérer contenus dans notre premier volume ; ils réussirent, comme nous nous y attendions, et nous autorisèrent à publier leurs expériences. Un nombre considérable de personnages de toutes conditions nous signèrent une grande quantité de procès-verbaux d'apparitions que nous publiâmes dans notre deuxième volume.

Pouvant, étant livrés à nos propres forces et à un jugement plus ou moins sain, errer et annoncer des choses improuvables, nous nous serions abstenu d'en

parler, si nous n'y avions été encouragé par les adhé-
sions que nous donnèrent les personnes de tous rangs
et de toutes croyances qui vinrent nous mettre à
l'épreuve. Nous dûmes donc conclure que ce que nous
annoncions était aussi évident que la lumière, et qu'il
était bon de le publier, d'en étendre la connaissance,
d'enseigner les moyens d'obtenir de tels résultats, afin
d'offrir à nos frères des espérances et des consolations
inconnues jusqu'à ce jour, ou du moins appuyées sur
les affirmations non vérifiables des religions, et sur
une foi que ne peut avoir tout le monde, si elle n'est
secondée et fortifiée par l'expérience. Nous nous
acquittâmes de cette tâche au-dessus de nos forces et
de notre savoir ; nous en fûmes récompensé au cen-
tuple par le bonheur que nous procurâmes aux autres :
car ces expériences nous démontraient un monde
nouveau, un avenir digne d'être étudié, et des joies
dignes d'être enviées.

Nous ne pouvons nous étendre sur cette matière,
vu le cadre restreint de cet opuscule, et nous renvoyons
nos lecteurs à ce que nous en avons dit dans l'ouvrage
précité. Nous nous contenterons ici d'enseigner notre
manière de procéder en pareille circonstance, afin de
mettre tout le monde à même de s'assurer de la
vérité de notre assertion.

Lorsqu'un lucide a donné des preuves d'une bonne
lucidité, nous lui parlons de l'immortalité de l'âme et
l'engageons à s'assurer du fait, en cherchant à perce-

voir celle d'un parent décédé. S'il réussit, nous lui proposons de percevoir celle d'une personne qui lui est étrangère, en l'appelant par ses nom et prénoms bien exacts. Si le signalement qu'il nous en donne est vrai, nous pouvons lui faire adresser quelques questions.

Nous croyons devoir emprunter à notre premier volume *des Arcanes*, les instructions que nous donnons à cet égard, pages 291 à 296.

« Chacun peut, suivant le genre d'instruction qu'il désire, poser des questions qui y ont rapport ; mais qu'on sache, avant tout, consulter le goût de son lucide, et l'affection présente de l'esprit évoqué, car si l'on ne prenait pas ces précautions, on serait jeté dans un labyrinthe d'erreurs d'où l'on ne pourrait sortir que moins éclairé qu'auparavant : quelques vérités placées parmi ces erreurs les feraient accepter comme vraies, ce qui serait un grand mécompte pour la personne trop crédule. Les esprits emportant leurs principales affections, ne sont pas totalement détachés de l'orgueil, la plus grande des lèpres qui rongent l'espèce humaine, et ils veulent souvent paraître en connaître plus qu'ils ne savent. Que l'on soit ferme dans ses questions, toujours méfiant, ne se rendre qu'à ce qui dépasse notre jugement, ne pas pousser cette méfiance jusqu'à ne rien vouloir accepter, parce qu'on ne peut comprendre ce qu'on entend ; il faut n'égarer aucune révélation, en tenir un registre exact; changer le plus qu'on pourra de lucides, les questionner tous de la même manière et juger de la concordance de leurs réponses. Si l'on a quelque croyance en Dieu, toujours le prier, du fond du cœur, d'éloigner des lucides les esprits de ténèbres ; implorer, au contraire, l'esprit de lumière, ne pas accepter le premier esprit qui se présente, n'importe sa tenue ou son entourage imposant ; il faut prier votre lucide de s'unir à vous pour le chasser avec une ferme volonté, s'il n'est pas un envoyé de Dieu. Voici le peu de mots par lesquels j'opère en cette circonstance : « Au nom de Dieu, ton créateur et le mien, je t'ordonne de te retirer, si tu n'es pas envoyé de sa part vers nous ! » Celui qui résiste à ce commandement, si vous avez *un lucide pur*, est un esprit bienfaisant ; questionnez-le. S'il fait quelques erreurs, ne l'en accusez pas, ce n'est pas pour vous tromper, c'est le peu de goût qu'il prend à ces questions, surtout si elles ont rapport à la terre. Leur mémoire est riche de tout ce qu'ils y ont vu, mais ils n'aiment pas y fouiller ni en parler. Sa ressemblance, sa mise, quelques révélations qu'il vous fera, vous donneront l'assurance qu'il existe. Ne soyez pas exigeant à son égard, ne lui posez pas de questions de méfiance comme : Comment vous appelez-vous ? puisqu'il est venu à son nom. Quelle est votre famille ? puisque vous la connaissez aussi bien que lui (dans le cas contraire, questionnez). Ne lui demandez pas depuis quand il est mort, il n'en sait rien ; laissez-le libre de vous répondre en ne le contrariant pas, car il lit dans votre pensée : il est de bonne foi ; il croit que sa présence doit vous suffire dans tous les détails qui l'entourent pour vous faire croire à son identité. Ayez la même bonne foi, et vous en saurez plus long que vous n'auriez pu désirer.

Pour initier votre lucide à ce genre d'apparitions, cherchez d'abord un sujet, le plus indépendant possible de votre volonté ; ne faites aucune expérience physique où la communication des pensées lui est très souvent nécessaire. Cherchez un lucide naturel, volontaire, point maladif, s'il vous est possible. Conduisez sa spécialité vers ces communications, sans jamais lui en demander d'autres que celles pour les maladies. Commencez par l'intéresser dans une apparition, en lui demandant s'il ne serait pas bien aise de voir quelqu'un de mort, qu'il aurait beaucoup affectionné ; il sera curieux, son désir sera vif, et la personne demandée mentalement par vous et par lui, se présentera en très peu de temps. Continuez ce genre d'expérience, en changeant les personnages le plus que vous pourrez. Sitôt que vous apercevrez que la vue d'un être mort affecte beaucoup votre lucide, qu'il parait heureux de le revoir, dites-lui de prier cet esprit de vouloir bien le conduire dans les lieux qu'il habite ; il le fera sans difficulté, à une condition, c'est que le lucide redescendra sur terre après un court intervalle de temps, qui ne dépassera pas dix minutes, selon la nature impressionnable du sujet. Pour l'aider dans ce

départ, remettez-le sous la garde de Dieu et de son
guide ; posez votre main à quelque distance du sommet de la tête, les doigts en bas et rassemblés en pointe,
désirez qu'ils attirent et ouvrent l'espace fictif nécessaire au passage de l'âme. Lorsque vous le verrez se
penchant en arrière, les bras retombant mollement le
long du corps, que la face se colorera et prendra une
expression de béatitude, laissez-le le temps convenu
dans ce recueillement extatique. Tenez toujours, par
prudence, vos yeux fixés sur les plexus, principalement le solaire ou creux de l'estomac, en retenant par
votre volonté la vie dans le corps suffisamment pour
ne pas l'abandonner. Si votre lucide ne revient pas à
l'heure convenue, que vous aperceviez son visage se
décolorer, prendre une teinte pâle jaune, n'allez pas
plus loin, la mort est là. Fermez-lui la porte en faisant,
avec une force de volonté très prononcée, quelques
passes transversales sur la tête et devant la figure de
l'extatique ; s'il était longtemps à vous répondre, ne
vous troublez pas, faites comme si vous le tiriez d'en
haut avec le secours d'une corde, soufflez à chaud sur
le cœur, et vous le verrez repasser dans l'état ordinaire du sommeil magnétique. Demandez-lui ce
qu'il a vu, n'en riez pas, car vous ne sauriez rien.
Soyez de bonne foi, voyez dans ses révélations un
acte de démence ou de vérité sans l'en instruire, et
pensez-en ce que vous voudrez. Tous les conseils que
je viens de donner ne sont dictés que par une sage

prudence. Il y a beaucoup d'extatiques de nuances dif-
férentes, qui n'ont pas besoin de cette prudence, mais
il y en a envers lesquels on ne peut être trop circons-
pect ; je le sais par expérience. On doit se tenir averti
à ce sujet, la mort ou la folie pourraient être la suite
de ces tentatives. L'extase par laquelle on communi-
que avec les esprits sur terre n'offre aucun danger,
c'est ce que les somnambules font avec plus de facilité.
Je recommande encore, si le lucide, en parlant avec
des esprits, sollicite de vous quelques actes de respect
ou d'assentiment à quelques gestes, tout en conser-
vant votre dignité d'homme, qui ne doit fléchir le ge-
nou que devant son Créateur, ne vous refusez pas à
ce qui ne pourrait vous blesser en rien. Soyez *confiant*
et *réservé*, *volontaire* et *raisonnable*, *studieux* et *sans
passion*, et vous obtiendrez un dédommagement à vos
études, qui vous rendra plus heureux que vous ne le
fûtes jamais ; vous maudirez moins la terre et ses
chagrins, vu que vous saurez qu'ils sont utiles ; vous
n'accuserez plus Dieu, dans vos souffrances, parce
que vous saurez qu'il est infiniment bon ; vous ne
croirez plus être un savant, parce que plus vous irez,
plus vous verrez que vous ne savez rien ; vous admi-
rerez avec patience ce mécanisme terrestre si beau, si
grand d'un côté, si petit de l'autre ; vous aurez hâte
d'aller réhabiter votre première demeure, et vous serez
moins attaché à vos hochets matériels ; vous ne trem-
blerez plus devant votre cercueil, qui est la porte du
temple de félicité où vous devez vivre éternellement Il y

APPENDICE.

Remède contre le choléra-morbus.

Depuis que cette terrible maladie est apparue en Europe, des remèdes à l'infini ont été employés avec plus ou moins de succès, pour combattre ses ravages, et lui arracher ses victimes. Nous ne chercherons pas à en donner une nomenclature : cette étude appartient à la science, et nous ne sommes pas un homme de science, tant s'en faut ; mais nous ferons remarquer que les remèdes les plus héroïques ont été employés avec moins d'humanité que de légèreté. Que d'épouses éplorées, d'orphelins accusateurs, d'héritiers criminels, de docteurs coupables, depuis l'invasion de cette indéfinissable peste !

Tout le monde a-t-il fait son devoir ? Que chacun adresse cette question à sa conscience et s'absolve s'il le peut.

Dieu, qui a placé autour de l'homme tout ce qui est nécessaire à ses besoins, et à la conservation de sa santé, a-t-il voulu le priver d'un remède contre une maladie aussi violente, et dont les suites sont si malheureuses ? Non... A-t-il voulu que ce remède n'existât que sur une partie de ce globe, quand le fléau est partout ? Non... A-t-il voulu qu'il fût tenu secret, ou

coûtât un prix au-dessu des moyens du pauvre ?...
Oh ! non ; Dieu est bon pour tous !

Quel est donc ce remède ? me disais-je, et une voix
me répondit : Demande-le à la bonté divine : ce que je
fis, par le secours de notre dévouée Adèle Maginot.
Cette lucide humble et bienfaisante, chez laquelle
l'amour des malades est poussé à un degré supérieur
incontestable, elle qui a déjà tant fait pour l'esprit et
le corps de ses frères, fut écoutée de l'Eternel, et nous
donna en son nom un remède assuré contre ce fléau
destructeur.

Un jour qu'elle dormait, je la priai de s'occuper de
cette question importante ; dans cet instant, un de
mes amis, ainsi que sa femme, étaient atteints de cette
maladie, et me faisaient demander un conseil. Je
m'empressai de soumettre à leur docteur le remède
qu'Adèle m'avait enseigné ; il ne trouva rien de dange-
reux dans son application, et dit qu'on pouvait l'employer sans crainte. Comme ce docteur est un ami du
magnétisme, il nous dit : il serait à désirer que tous
les traitements employés jusqu'à ce jour eussent été
aussi anodins. Trois jours après il en prenait note, car
les deux malades étaient guéris. Ceci se passait en
1848, dans un moment où le choléra paraissait vouloir
nous rendre une visite. Il serait plus vrai de dire qu'il
est continuellement parmi nous ; seulement ses effets
sont moins funestes, et, par conséquent, moins remar-
qués.

Aux premiers symptômes, nous conseillons de suivre le traitement suivant, avec une grande exactitude et une entière confiance :

Prendre, de quart d'heure en quart d'heure, bien chaude, une tasse d'une légère infusion de camomille avec une feuille d'oranger ; en boire ainsi jusqu'à ce qu'on ait obtenu une bonne transpiration, si faire se peut.

Après la première tasse de cette infusion, appliquer sur toute la largeur du ventre des cataplasmes bien chauds, ainsi composés :

1° Farine de lin, délayée à l'eau de racine de gui-mauve, dans laquelle on aura fait bouillir une tête de pavot égrainée ; arroser les cataplasmes d'une cuillerée d'huile de camomille chaude.

Alterner avec cataplasmes de farine de guimauve délayés avec de l'eau de graine de lin, dans laquelle aura bouilli également une tête de pavot ; les renouveler toutes les dix minutes, et le plus chaud possible.

2° Prendre un ou deux lavements à l'eau de racine de guimauve ou de graine de lin.

En cas de crampes à l'estomac, ou dans les membres, frictionner doucement avec la main à nu, les parties affectées, jusqu'à ce qu'on ait obtenu du calme ; employer à cet effet de l'huile de camomille chaude.

3° Le magnétisme peut être employé avec succès ; mais, comme dans les frictions, il faut bien se dégager les mains, en les lavant dans une eau fortement acidulée de vinaigre.

Voici une suite de réponses que nous fit Adèle, à l'égard de la nature du choléra, de ses symptômes, et des effets curatifs des médicaments qu'elle propose :

D. Le choléra est-il une émanation de la terre ? Provient-il de l'air ou de l'eau ?

R. C'est une émanation de la terre ; ce sont de petits animalcules qui s'attaquent principalement aux intestins, après leur invasion dans le corps, ce qui réagit sur les vaisseaux sanguins et les rameaux nerveux. La camomille leur est mortelle, c'est pourquoi j'en recommande l'usage, et en assure le succès. Si j'étais attaquée de cette épidémie, je ne voudrais pas qu'on employât à mon égard d'autres remèdes que ceux que je viens d'indiquer.

D. Quels sont les symptômes les plus apparents du choléra ? — R. Dans le commencement du mal, il attaque, selon les tempéraments, l'organe le plus faible. Si c'est l'estomac, on sentira des tiraillements, suivis de vomissements, engendrant à leur tour des crampes, qui sont des signes infaillibles des progrès de ce mal. Ceux qui ont les intestins irritables seront pris de coliques sourdes, devenant de plus en plus aiguës, suivies d'une diarrhée plus ou moins abondante. Ceux qui ont la poitrine délicate auront des contractions, des étouffements, suivis de crampes dans cette partie. Ceux qui ont la tête maladive l'auront lourde, douloureuse, des crampes vers les tempes. Dans l'apogée du mal, ce sera bien visible extérieurement, par le froid, les convulsions, les crampes, le ratatinement des muscles et des membres, les souffrances atroces qui en sont les signes certains.

D. Il est déjà mort beaucoup de personnes ? — R. Certainement, et il en mourra bien d'autres ; on a tant souffert de privations tout cet hiver, qu'on est plus près du cercueil que de la santé. Ensuite, la fausse application des remèdes, qui sont plus mortels que le mal même ; il n'en faut pas davantage pour faire beaucoup de victimes.

Il est utile de rétablir trois choses principales : *la chaleur, la circulation du sang et des fluides, et le calme dans le système nerveux.*

L'infusion de *camomille* est calmante, stimulante, et mortelle à ces animalcules ; les *cataplasmes* et les lavements sont rafraîchissants et calmants ; ils aident le corps à se vider des matières qui l'encombrent et l'échauffent.

Les frictions à l'huile de camomille calment les nerfs, paralysent les crampes, et rétablissent la circulation. Cette huile s'insinue par tous les pores de la peau très subtilement, lui redonne son élasticité, en même temps que son arôme mortel détruit les hordes d'insectes qui s'engendrent très vivement et envahissent en quelques heures tout l'organisme.

Surtout que ceux qui soignent les cholériques ne

redoutent pas cette épidémie, car la crainte la rend plus épidémique qu'elle ne l'est réellement. Cela est très aisé à comprendre : la peur ouvre tous les pores de la peau, laisse écouler la vie en même temps que l'énergie, et facilite l'absorption.

La fermeté fait le contraire : elle ne donne aucune issue à l'absorption, ce qui garantit beaucoup contre toutes les influences pestilentielles.

Nous croyons utile d'appuyer ce qu'Adèle nous a dit au sujet des animalcules, cause du choléra, par cet article, que nous empruntons au *Journal des Débats* du 6 avril 1849 :

« En 1832, M. Donné remarqua dans la matière des cholériques, que l'on a si justement comparée à une décoction de riz, une grande quantité d'animalcules microscopiques. L'étude des liquides et des produits morbides de l'économie était encore à faire, et rien n'autorisait alors à considérer la présence des vibrions comme un phénomène exceptionnel et digne de remarque ; on devait bien plutôt s'attendre à les retrouver en maintes circonstances dans la matière liquide des selles diarrhéiques, et pourtant il n'en est rien : avec le choléra ont disparu ces petits parasites ; mais aujourd'hui le choléra les ramène, et chacun peut s'en assurer. Ce qu'il y a de remarquable, c'est que leur nombre semble précisément proportionné à l'état de la matière cholérique ; c'est-à-dire que plus cette matière est blanche, plus elle est glanduleuse, plus elle ressemble à l'eau de riz, et plus les vibrions sont abondants. Au contraire, lorsque ces matières sont encore colorées par la bile, on n'y trouve pas de ces animalcules, ou du moins ils y sont très rares. Outre les vibrions, on remarque quelquefois des nomades de diverses formes, et entre autres des espèces de trichomonas. Faut-il attribuer l'apparition de ces petits êtres à un commencement de décomposition survenant déjà dans les entrailles des malheureux cholériques, ou bien doit-on leur faire jouer un rôle essentiel dans la maladie ? Sans trop accorder à l'imagination, il nous semble que cette dernière manière de voir pourrait être soutenue, et voici pourquoi : Ces animalcules périssent promptement ; pour les percevoir, il faut les chercher dans les matières récemment évacuées : on ne les trouve plus au bout de quelques heures, et les matières prises dans le cadavre n'en présentent plus de traces, au moins à l'état vivant.

On ne saurait donc attribuer leur apparition à la putréfaction ou à la décomposition spontanée des liquides intestinaux. Quoi qu'il en soit, ces faits méritent d'être pris sérieusement en considération par les personnes qui s'appliquent à rechercher la nature et les causes de la maladie.

FIN.

TABLE

VIGOT Frères, Editeurs, 23, Place de l'Ecole-de-Médecine, Paris.

Œuvres de **L. A. CAHAGNET**

www.ingramcontent.com/pod-product-compliance
Lightning Source LLC
LaVergne TN
LVHW022155080426
835511LV00008B/1418